10歳からの生きる力をさがす旅②

きみは一人ぽっちじゃないよ

文 波平恵美子
絵 塚本やすし

出窓社

◆もくじ◆

1

子どもはみんなに見守られて大きくなります

その小さな女の子は、お母《かあ》さんから激《はげ》しくぶたれました。
なぜ、そんなにも強く何度もぶたれたのか、どうしても女の子にはわかりません。
「こんなお母さんと暮《く》らすのはいやだ」と思い、家出《いえで》することにしました。
家出すると、その晩《ばん》の御飯《ごはん》をどこかで食べさせてもらわなければなりません。
お金がいります。
家の中の、どこにお金があるのかわかりません。
そこで、風呂敷《ふろしき》に、お母さんが一番大切《たいせつ》にしている上等《じょうとう》の着物《きもの》を包《つつ》みました。

時々、自分の家に、知らないおじさんやおばさん、
時にはおじいさんやおばあさんが風呂敷《ふろしき》に着物《きもの》を包《つつ》んで持ってきて、
「奥《おく》さん、いくらでもいいから買《か》ってもらえんだろうか。
どうしても金がいることができたもんだから」と、
たずねてくるのを見ていたからです。
女の子は、お腹《なか》がすいたら、あのようにして、
お母さんの着物を売ればいいと考えました。

自分の家に着物《きもの》を買ってもらうためにやってくる人のまねをして、
風呂敷包《ふろしきづつ》みを肩《かた》にななめに背負《せお》い、胸《むね》のところでしっかり結《むす》びました。
お仏壇《ぶつだん》の前に座《すわ》り、二年前に死んだ弟の写真に向かって
「もうお姉《ねえ》ちゃんは帰ってこないからね。
お菓子《かし》を分けてあげられなくてごめんね」と言い、
下駄《げた》の鼻緒《はなお》をギュッと引っぱって、
切れないことを確《たし》かめて、ソッと戸を開《あ》け家を出ました。

胸《むね》がドキドキして苦しいほどでした。

トットットッと、できるだけ早足《はやあし》で、町のほうへ歩いて行きました。

二、三分もしたところで近所《きんじょ》のおばさんに会いました。

いつもなにか食べ物をくれたり、家へ遊《あそ》びに来てお母《かあ》さんとおしゃべりをする、とても親切《しんせつ》なおばさんです。

「どこへ行くの」と聞かれて、女の子は「家出《いえで》をするの」と答えました。

おばさんはしばらくだまって女の子の顔を眺《なが》めていました。

「なぜ家出《いえで》をするの」と聞かれたら、
女の子はお母《かあ》さんが自分にどんなにひどいことをしたかを話そうと思っていました。
おばさんは「家出をするんだったら、傘《かさ》がいるよ。見てごらん。
アッチのほうにあんなに黒い雲《くも》があるから、もうすぐ雨が降《ふ》る。
そうしたら着物《きもの》がぬれてしまって売れなくなるよ」と言いました。

女の子は「そうだ。傘《かさ》を持って家出するんだった」と思い、
急《いそ》いで家に帰りました。
戸口《とぐち》の所にお母《かあ》さんが立っていました。
お母さんは女の子の背中《せなか》から風呂敷包《ふろしきづつ》みを取り、着物を取り出し、
大切《たいせつ》そうにたんすにしまい込《こ》みました。
その間、女の子の顔も見ず、声もかけず、
そしてぶったりもしませんでした。

女の子は、その後何年も、
どうしてあの時、
お母《かあ》さんは自分をぶたなかった
のだろうと不思議《ふしぎ》に思いました。
そして、もっと不思議に思ったのは、
あの近所《きんじょ》のおばさんは
「家出《いえで》なんかしちゃだめだよ」と女の子に言わなかったことです。

「傘《かさ》を取りに帰ったら、お母《かあ》さんに見つかるとわかっていて、あんなことを私に言ったのかしら」と思ったのですが、大きくなってからもそのおばさんにたずねることはしませんでした。

近所《きんじょ》のおばさんたちの中には、子どもたちの顔を見ると大声でどなるので、遠くから姿《すがた》を見ると逃《に》げ出すほど恐《こわ》い人もいました。

その家の前を通る時うっかり歌っていると、窓《まど》を開けて「ウルサイッ」とどなります。

まっ黒なトンボを追いかけて庭《にわ》に入ってしまった子は、

竹竿《たけざお》でなぐられそうになりました。お母《かあ》さんは、
「自分の子どもが三人とも戦死《せんし》したので、気難《きむずか》しくなったんだよ」と言いました。
五月のある日、その恐《こわ》いおばさんの家の塀《へい》に、
ピンク色の小さなとてもきれいなバラがたくさん咲《さ》きました。
女の子はその花が欲《ほ》しくてたまりません。
一つだけならいいだろうと、引っぱって切《き》ろうとしましたが、
つるバラなので、ズズッとほかの花の房《ふさ》まで引きずられ、

塀《へい》の外にたれさがってしまいました。
その時です。庭《にわ》にいたらしい、その恐《こわ》いおばさんが
「誰《だれ》だ！　よその家の花を取《と》るのは」
と、それまで聞いたこともない大きな声でどなりました。
女の子は、泣《な》きながら走って家に帰り、部屋《へや》のすみでふるえていました。
「ごめんください」とあの恐いおばさんが玄関《げんかん》にやって来ました。
お母《かあ》さんに話している声が聞こえます。

「おじょうちゃんによく言ってください。バラは花だけでなく、葉《は》っぱやつるが大切《たいせつ》なんです。きれいなバラを咲《さ》かせるには、花と同じように葉もつるもていねいに扱《あつか》わないといけません。花が欲《ほ》しかったらそう私に言うように伝えてください」

と、とてもていねいな口調《くちょう》で言っています。

まだ泣《な》きながらふるえている女の子の目の前に、
たくさんの小さなピンクの花がついたバラの花束《はなたば》を持ったお母《かあ》さんが立っていました。

「今すぐに、これ（ふかしたおいもでした）を持ってお礼《れい》に行っておいで」と言います。

女の子は、顔《かお》を洗《あら》い、恐《こわ》い恐いおばさんの家に行きました。

近所《きんじょ》のおばさんたちは、時にはお母《かあ》さんと同じことを言って、女の子をほめたり、しかったりしましたが、たいていは、お母さんとちがうことを女の子に向かって言いました。お母さんが少し自慢《じまん》そうに、「この子は勉強が好きだから、いずれ大学にも行かせたい」と言うと、「先になってみないとわからないよ」と言います。「この子は、おく病《びょう》で、内気《うちき》だから」とお母さんが言うと、おばさんたちは「内気な子は、まわりのことをよく見ていて、しっかり者になるよ」と言います。

こんなふうに、お母《かあ》さんとちがうことを言うおばさんたちを、
女の子は時には好きになったり、時にはきらいになったりしました。
でも大きくなってみて、あのおばさんたちのおかげで、
自分というものをしっかり見つめる力を
持てるようになったと思い当たりました。

2

一人の転校生が教室をかえた

今から五十年くらい前のことです。
九州《きゅうしゅう》の南の小さな町の小学校に、とても元気《げんき》な女子生徒《じょしせいと》が転校《てんこう》してきました。
目も顔もまん丸で、ほっぺたは、まっ赤です。

先生は「北海道《ほっかいどう》の札幌《さっぽろ》から転校《てんこう》してきた馬場《ばば》さんです。
みなさん仲《なか》よくしてあげてください」と言いました。
転校生の少ない時代でしたし、九州のいなかの町でしたから、
クラスの子どもはその子と話したくてすぐに取《と》り囲《かこ》み、
「札幌てどんなところ」と聞きました。
なにしろ、地図《ちず》の上にはあっても、誰《だれ》も行ったこともないし、
知り合いもいない遠い国のようなものだったのです。

その子は、次から次へと話しました。

「アカシアという高い木があって、白い花が咲《さ》いて、とても良《よ》い匂《にお》いがするの。

その花がハラハラ、ハラハラ頭の上に降《ふ》ってくる五月の札幌《さっぽろ》は、天国のようよ」

「冬の札幌は、自動車なんか走れないから、

馬ぞりが馬鈴《ばれい》をつけて走るのよ。

シャン、シャン、シャンて、とても素敵《すてき》よ。

でも馬って糞《ふん》をするでしょう。

春になって雪がとけて、それが乾《かわ》くと、
糞《ふん》が風に乗って舞《ま》うの。
風が黄色《きいろ》い色をしていて、
それを〝馬糞風《ばふんかぜ》〟ていうの」
「ストーブの上にね、
馬鈴薯《ばれいしょ》やトウモロコシを置いて焼《や》いて食べると美味《おいし》しいのよ。
匂《にお》いが家中に広がって、冬はそれが楽しみね」

子どもたちは、見たことも聞いたこともない札幌《さっぽろ》の街の様子《ようす》や家の中の冬の生活を、あれこれ想像してその子に質問《しつもん》しました。

その女子生徒《じょしせいと》は、

子どもたちとはちがうアクセントやイントネーションで、

とても歯切《はぎ》れの良い口調《くちょう》で、

本当によどみなく話しました。

子どもたちが、その生徒に、

その後何か月も引きつけられたのは、
札幌《さっぽろ》の街《まち》の様子《ようす》や、
遠い北国の生活の話だけではなく、
その生徒の表現力《ひょうげんりょく》や、豊かな表情や、
誰《だれ》に対してもおくすることのない、
まるで大人《おとな》のような態度《たいど》だったのかもしれません。

九州《きゅうしゅう》のその小さな町の学校では、
主役《しゅやく》はまだまだ男子生徒《だんしせいと》でした。
クラス委員長《いいんちょう》も男子で、
先生の質問《しつもん》に手を挙《あ》げても、
指《さ》されるのは男子が先です。

その子がまちがった答えをし、
それでもなお手を挙《あ》げている女子生徒《じょしせいと》がいれば
先生はその子を指《さ》して答えさせるのです。
もし男子生徒《だんしせいと》が正しい答を言ってしまうと、
女子生徒は、自分の力を、
先生にもほかのクラスの子にも
見せることはできませんでした。

馬場《ばば》さんという転校生《てんこうせい》の態度《たいど》に、

クラスの皆《みな》が、そして先生も驚《おどろ》きました。

誰《だれ》よりも、手を挙《あ》げた時の「ハイッ、ハイッ」という声が大きいのです。

先生の顔をしっかり見つめ、

丸《まる》い目をもっと丸くし、

赤いっほぺたをもっと赤くして手を挙げ、

先生の注意《ちゅうい》を引こうとします。

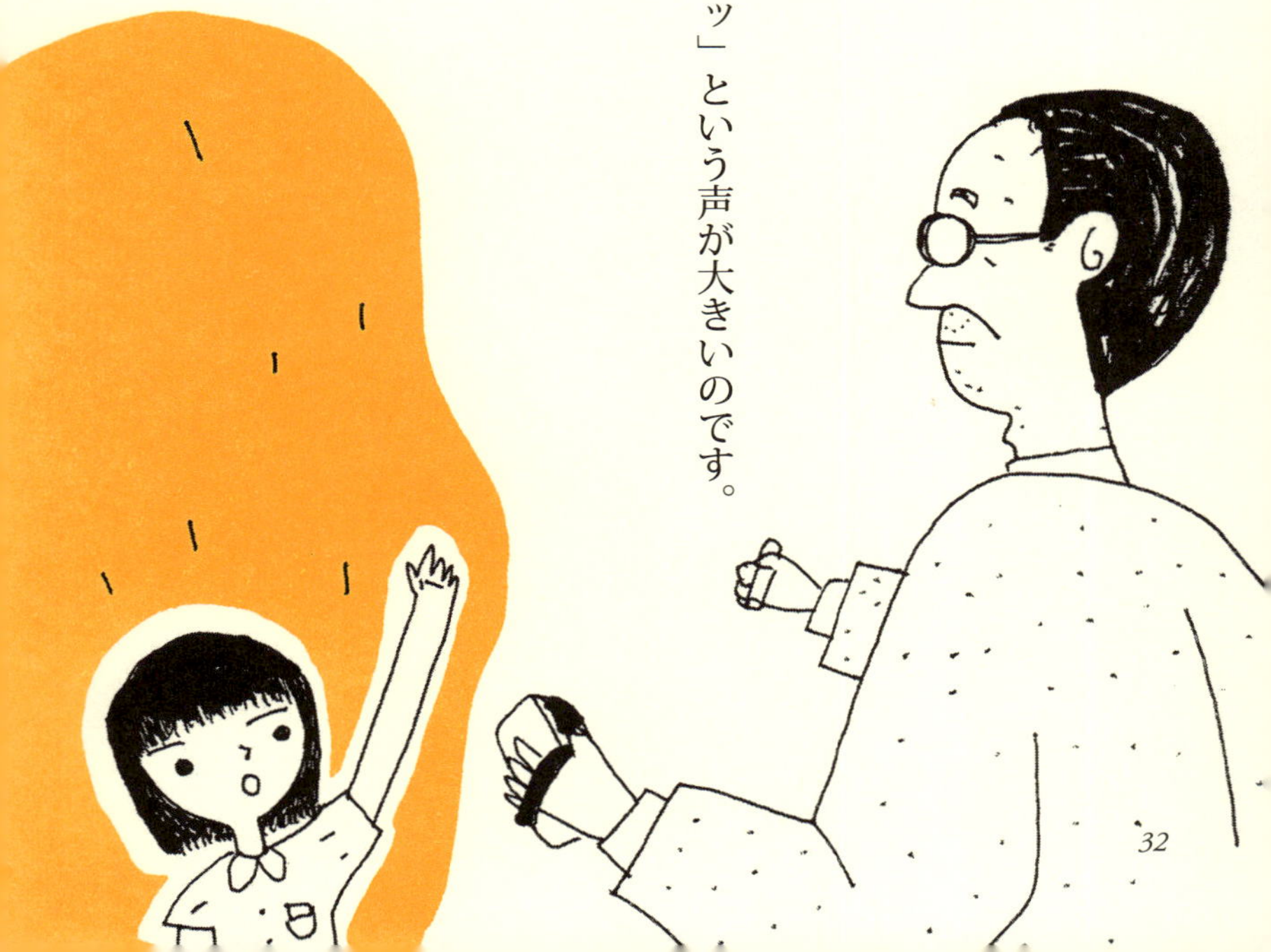

答はいつも正しいとはかぎらず、すぐに、その子よりも、
より勉強のできる女子生徒《じょしせいと》が何人もクラスにいることがわかりました。
　皆《みな》が驚《おどろ》いたことは、まだありました。
あまりに大きな声で「ハイッ」といって手を挙《あ》げるので、
先生は一番に馬場《ばば》さんを指《さ》して答えさせましたが、
答がまちがっていると、別の子を指します。
その子が正しい答をいうと、馬場さんは身体《からだ》の向《む》きを変え、

その子に向かって拍手《はくしゅ》するのでした。
クラス全体の様子《ようす》が少しずつ変わっていきました。
なによりも、女子生徒《じょしせいと》の声が大きくなりました。
答がわかって手を挙《あ》げる時にも、そっと周《まわ》りを見回《みまわ》して、
肩《かた》に近いところで手を挙げていた子どもたちが、
馬場《ばば》さんのように、指《ゆび》を伸《の》ばして上のほうまで手を挙げます。
「ハイッ」という声もだんだん大きくなって、

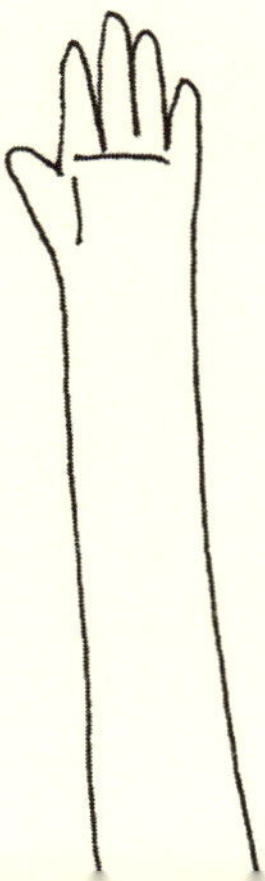

隣《となり》のクラスの先生がのぞきに来ることもありました。
いつの間にか、その女子生徒《じょしせいと》のアクセントやイントネーションが
女の子の間でまねされるようになり、
「○○なのよ」と言ってみる子もいました。
先生の態度《たいど》も変わってきました。男子生徒《だんしせいと》、女子生徒という区別《くべつ》をしなくなり、
女子生徒にもクラスの役割《やくわり》をドンドンさせるようになりました。
生徒に注意《ちゅうい》する時に、

以前は女子生徒《じょしせいと》にはやさしい言葉《ことば》で言っていたのに、
男子生徒《だんしせいと》と同じように強い言葉で注意《ちゅうい》したり叱《しか》ったりします。
生徒たちは、先生のそんな変化にすぐ気づきました。

冬休みに入る数日前、先生が
「馬場《ばば》さんが転校《てんこう》します」と言った時、
生徒たちは驚《おどろ》いてものが言えず
黙《だま》って先生の顔と馬場さんの顔を見ているばかりでした。

馬場《ばば》さんは立ち上がり「短い間だけど、仲《なか》よくしてくれて本当にありがとう。お礼に、北海道《ほっかいどう》のデリシャスていう美味《おい》しいリンゴを一つずあげます」と言い、教室の外から大きな木箱《きばこ》を引きずってきました。

モミがらの中から真赤《まっか》な、少したて長の、子どもたちが見たこともないリンゴを取り出して、一人に一つずつに手渡《てわた》し、子どもたちがまた驚《おどろ》いたことには、クラスの生徒一人ひとりと握手《はくしゅ》して回ったのです。

それからしばらくして、

教科書にある宮沢賢治《みやざわけんじ》の『風の又三郎《またさぶろう》』を読んだ時、
男子生徒《だんしせいと》の一人がいいました。
「馬場《ばば》は『風の又三郎』だったんだ。
『風の又三郎』が女の子になってやって来たんだ」

あなたのクラスに「風の又三郎」が来たことがありますか。

3

地球は人間だけのものではありません

大人《おとな》も子どもも、いろんな年代の人が宮崎駿監督《みやざきはやおかんとく》のアニメーション作品、

「となりのトトロ」や「もののけ姫《ひめ》」が大好きです。

何十回も見た人もいます。

「となりのトトロ」を

毎晩《まいばん》ヴィデオで見ないと寝《ね》ないという子どもさえいます。

なぜ、こんなにも「となりのトトロ」が好きなのでしょうか。

今から三十年も前、一九七〇年代の中頃《なかごろ》に、

私は九州《きゅうしゅう》のほぼ中央《ちゅうおう》の山村で、
ムラの生活や歴史《れきし》について調査《ちょうさ》をしていたことがあります。
とても不便《ふべん》なので、どこの家にも自動車があり、
多い家には四台も車がありました。
皆昼間《ひるま》は忙《いそが》しく働いているので、私は夕飯《ゆうはん》の終わった頃、
懐中電灯《かいちゅうでんとう》を持って、暗《くら》い夜道《よみち》を歩いて家々を訪《たず》ねて話を聞かせて
もらったり、古い書類《しょるい》や道具《どうぐ》を見せてもらったりしていました。

夜十時過ぎて帰ろうとすると、その家の人が遠慮《えんりょ》しながら
「夜はあまり出歩《である》かないほうがいいよ」
と忠告《ちゅうこく》してくれました。山奥《やまおく》で、お互《たが》い顔見知《かおみし》りで
女性を夜道《よみち》で襲《おそ》う人など
当時《とうじ》はいませんでしたから、
私はきっと、私が夜訪《たず》ね歩くのが迷惑《めいわく》なのだと思い、
そのことに対し、おわびの言葉《ことば》を言いました。

すると、相手《あいて》はそんなことではなく
「夜は人間以外のものの時間なのだから、
人間はできるだけ家の中でひっそり過《す》ごしていなければいけない」と言うのです。
私が驚《おどろ》いて「人間以外のものとはなんですか」と聞くと
「人間以外のものはなにもかも」という答が返ってきました。
神様、死んだ人や死んだ動物の霊《れい》、木霊《こだま》や岩や山の霊、
そして生きている動物などすべて、人間以外のものだというのです。

これは「アニミズム」と呼《よ》ばれる考え方に基《もと》づいていると
解釈《かいしゃく》することもできるのですが、一九七〇年代の日本で、
大真面目《おおまじめ》で言われるとは予想《よそう》していませんでした。

夜道《よみち》が危険《きけん》なのは、事故《じこ》に合ったり、
道に迷《まよ》って山の中に入り込《こ》んだりするからではありません。
同じ空間《くうかん》を、昼間は人間が、
そして夜は人間以外のものすべてが分け合って生きているから、

人間は夜はひっそりと家の中にいなければならないという考え方なのです。

さらに踏《ふ》み込《こ》んでいえば、目に見えようと見えまいと、

人間以外の存在《そんざい》に

無遠慮《ぶえんりょ》に、力任《ちからまか》せに、人間が空間《くうかん》を独占《どくせん》してはいけないし、

勝手《かって》に作り変えてはいけないという考え方でもあるのです。

そういわれてみれば、どの家にも自動車はあるのに、

夜道《よみち》で自動車に出会うことはほとんどありませんでした。

当時七十歳代以上の人たちは、まだ山の神への信仰《しんこう》があつく、
人の誕生《たんじょう》も死も山の神が司《つかさど》っていて、病気にするのも治《なお》すのも、
なんらかのかたちで山の神がかかわっていると信じていました。

人は、自然《しぜん》と対立《たいりつ》し、自然を切り開き、
人間にとって都合《つごう》が良いように作り変えるというのではなく、
人間もまた自然そのものの一つの要素《ようそ》であり、
人間は人間以外の要素と仲良《なかよ》く折《お》り合って暮《く》らしていくべきだと
考えているようでした。

山の神というのは、ほかの文化では太陽神《たいようしん》と呼《よ》んでいるような、
人間も含《ふく》んだ自然全体を代表するものとして信仰《しんこう》の対象《たいしょう》となっていたようです。

人間が、人間以外のすべての存在《そんざい》と同じ空間《くうかん》やその空間の中にあるもの、
水や食料《しょくりょう》や太陽の熱《ねつ》や光を分け合っている、
したがって、すべてが人間が思うままに利用したり
消費《しょうひ》したりしてはいけない、と長い間考えてきたようです。
そうした存在を忘《わす》れて、人間がなんでも勝手《かって》に利用していいのだ、
と考えるようになったのは、ごく最近《さいきん》のことといえるでしょう。

人間こそ主役《しゅやく》であり、自然《しぜん》は切り開く対象《たいしょう》であり、
もし、自然に配慮《はいりょ》することがあるとすれば、
それは、空気の汚染《おせん》が人間の健康《けんこう》を脅《おびや》かしたり、
海洋《かいよう》の汚染が、
人間の食料である
海産物《かいさんぶつ》の再生産《さいせいさん》の
障害《しょうがい》となったりした時ぐらいです。

人間以外の存在《そんざい》から、
地球という空間《くうかん》を奪《うば》い取ったり、
主役《しゅやく》の座《ざ》を常に人間が占《し》め続けていることに対して、
多くの人たちはなんの疑問《ぎもん》も感じません。

でも、世界には、海の哺乳類《ほにゅうるい》である
鯨《くじら》やイルカの存在《そんざい》に注目《ちゅうもく》し、
人間が捕獲《ほかく》して食料にすることや、
漁師《rとうし》が、魚を大量に食べてしまうという理由で
イルカを殺《ころ》すことに反対する人びとがいます。
イルカや鯨を人間と同等《どうとう》にみなして、
コミュニケーションが成立《せいりつ》できると考える人びともいます。

こうした考え方を出発点《しゅっぱつてん》として、
地球では人間のみが主役《しゅやく》だという考え方を
少し修正《しゅうせい》することもできるのかもしれません。
しかし、「夜は人間以外のすべてのものの時間であり、
人間は家の中でできるだけひっそりしていなくてはならない」
という考えからは、まだまだ遠いように思われます。

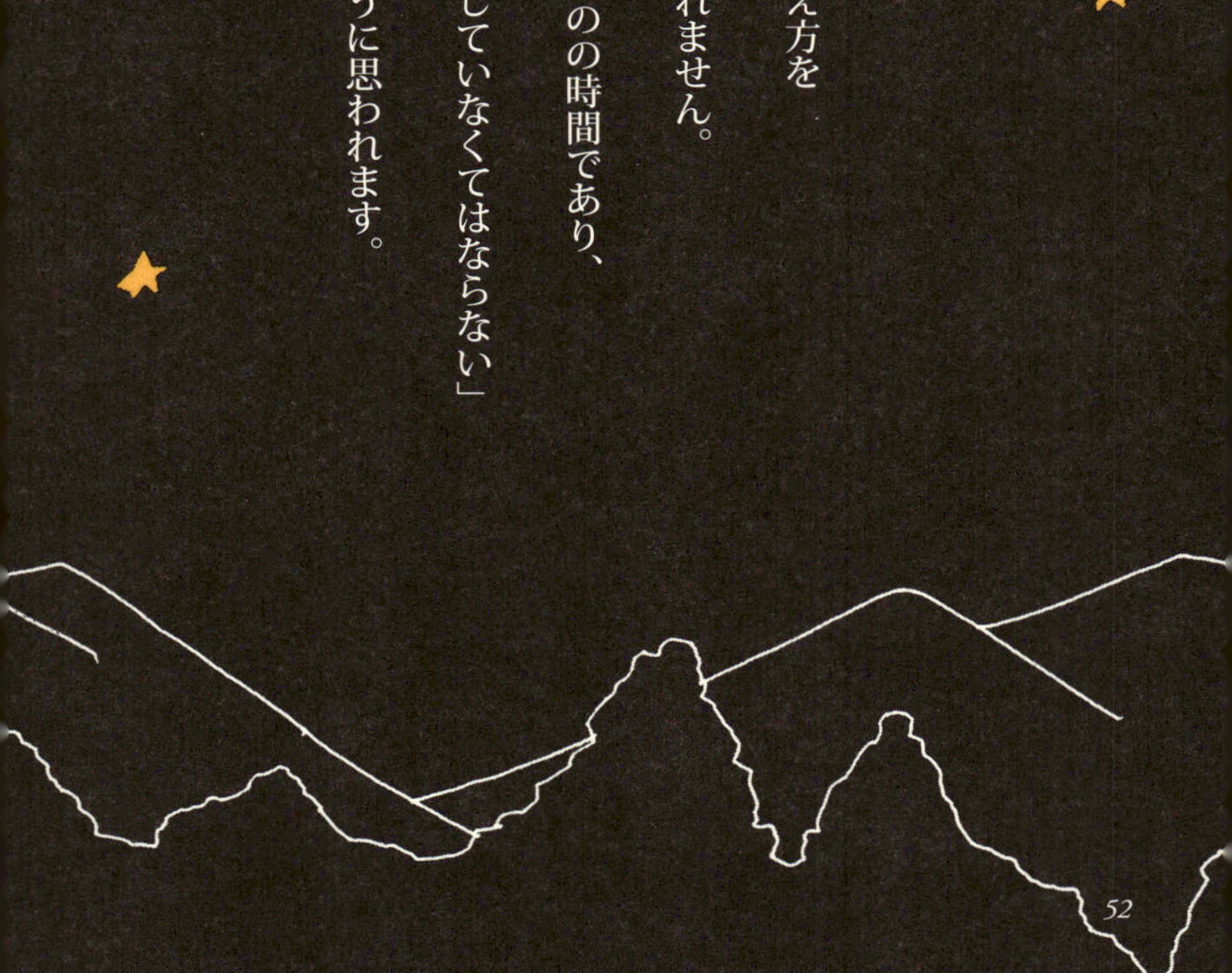

「となりのトトロ」や「もののけ姫《ひめ》」を子どもも若者《わかもの》も大人《おとな》も大好きなのは、

これらのアニメーションは人間が人間以外の存在《そんざい》と、

地球という大きな空間《くうかん》も、

地域という小さな空間をも分け合って

一緒《いっしょ》に住んでいることを思い出させてくれる作品だからでしょう。

そして、そのことを思い出すことを、

みんなが喜《よろこ》んでいるということなのでしょう。

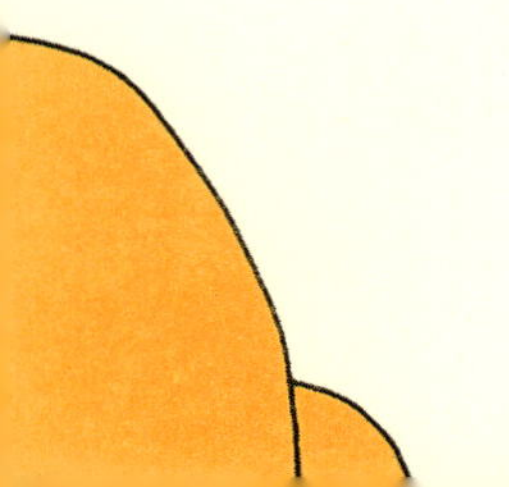

4
差別の心はどこから生まれるのでしょう

人は、なぜ人を差別《さべつ》するのでしょうか。

差別の行為《こうい》をすることはいけない、
さらには具体的《ぐたいてき》な行動《こうどう》だけではなく、
差別の心を持つこともいけない、
と子どもの時から、
学校や家庭や地域でたびたび教えられています。
それでも、学校でも、

同じクラスの生徒をいじめたり無視《むし》するなどの差別《さべつ》が起きています。
心の中の差別の存在《そんざい》は目に見えませんが、
差別の行動《こうどう》の背景《はいけい》には、差別の心があると考えられます。
「区別《くべつ》すること」と、「差別すること」とは、どのようにちがうのでしょうか。
人間の社会には、人と人との間にさまざまなちがいが見られます。
つまり「区別」があります。
区別が役割《やくわり》のちがいを生み出すし、区別がさまざまな関係《かんけい》を生み出しているのです。

家族の中では、
夫《おっと》と妻《つま》、
父《ちち》と息子《むすこ》、
父と娘《むすめ》、
母《はは》と息子、
母と娘、

兄《あに》と妹《いもうと》、
兄と弟《おとうと》、
姉《あね》と弟、
姉と妹というように、
わずか四～六人だけの家族を考えても、
ちがう立場《たちば》の人の組み合わせがいくつもできます。
それぞれの関係《かんけい》で、人は互《たが》いに区別《くべつ》されています。

「あなたはお兄《にい》ちゃん、私は妹《いもうと》」というように。

学校でもさまざまな区別《くべつ》があります。

先生と生徒、先輩《せんぱい》と後輩《こうはい》という区別は、学校の中の大切《たいせつ》な区別です。

社会全体を見ると、人はたくさんある区別の中に位置《いち》づけられ、

それぞれの位置づけに応じた役割《やくわり》を果《は》たしています。

先生は教えるという役割、生徒は教えられ、学ぶという役割があり、

それにふさわしい態度《たいど》をとることが認《みと》められ、また要求《ようきゅう》されます。

人間の社会にこうした区別《くべつ》があり、
それに応《おう》じた役割《やくわり》があり、
一人ひとりが、その区別と、
区別に応じた役割を果たすことに
納得《なっとく》していることで、
社会が成立《せいりつ》していると考えられます。
ですから、人を区別することは大切《たいせつ》ですし必要《ひつよう》なことです。

さらには、「私という存在《そんざい》」は「あなたという存在」とはちがいます。

私が私であって、別《べつ》の人とちがうということを、
日常《にちじょう》の生活ではあまりに当たり前なのでいちいち気にしません。

でも、たとえば、

あなたの友達が別の人たちに向かって
「私たちはそれに反対よ」と言った時、
あなたはその友達に賛成《さんせい》する気持ちを持っていても、

「勝手《かって》に『私たち』なんて言わないで。
私はあなたとちがう意見《いけん》を持っているかもしれないんだから」と思って、
勝手に「私たち」という友達に反発《はんぱつ》を感じることでしょう。
あるいは、
自分ではちっとも似《に》ているなどと思っていないタレントの名前をあげて、
友達が「あなたってA《エー》というタレントに似ているわ」と言うと、
ちょっといやな気分がするでしょう。

どんなに仲《なか》のよい友達であっても、家族であっても、
一人ひとりは別《べつ》の人間であることをどんな人でも幼《おさな》い時から気づいていますし、
そのことを大切《たいせつ》にしているはずです。

「私はお姉《ねえ》ちゃんより色が黒くてやせている」とか
「B《ビー》子《こ》ちゃんは走るのが速《はや》くて、ピアノが上手《じょうず》で、
お勉強ができる。すてきだなあ」と思います。

B子ちゃんについて感じていることは、あくまで自分と比《くら》べてのことです。

「B子《ビーこ》ちゃんは、(私より) 速《はや》く走る」

「B子ちゃんは、(私より) ピアノが上手《じょうず》」ということを感じているのです。

このように、自分を周《まわ》りの人たちと比《くら》べることを、

私たちは特に意識《いしき》しないまま行っています。

自分が自分であることは、自分と他人《たにん》とのちがいに気づいたり、

それを認《みと》めたりすることによってはっきりしてくる考え方で、

それを難《むずか》しい言葉で「自我《じが》の獲得《かくとく》」とか「自我《じが》の成立《せいりつ》」と言います。

では、この比《くら》べることやちがいを見つけたり気づくことが、
どんな場合に「差別《さべつ》」になるのでしょうか。
先ほどのＢ子《ビーこ》ちゃんと自分との区別《くべつ》を感じる場合《ばあい》を、
逆《ぎゃく》の形にして考えてみましょう。
つまり「Ｂ子ちゃんは、（私より）走るのが遅《おそ》く、ピアノが下手《へた》で、
お勉強はできない」という場合です。

この時、これが事実だとしても、
それを「ダメなんだ」とB子《ビーこ》ちゃんその人の全体を決めつけると、
それは「差別《さべつ》の心」を持ったことになります。
さらに、自分がB子ちゃんとのそのようなちがいに気づいた時、
心の中で思っているだけではなく、そのことをほかの友達に言い
「そうでしょ、あなたもそう思うでしょ」と同意《どうい》を求《もと》めたり、

相手《あいて》も自分と同じようにB子《ビーこ》ちゃんを「ダメな人」と思っていることを前提《ぜんてい》として
「B子ちゃんを仲間《なかま》に入れることはよそう」と言ったりすると、
それは「差別《さべつ》の行動《こうどう》」になります。
また、「走るのが（自分より）遅《おそ》い」ことに気づいたとしても、
B子ちゃんのことについて考える時、B子ちゃんにはいろいろな特徴《とくちょう》があるのに、
自分より劣《おと》ったことだけをあげて並《なら》べるのは、
「B子ちゃんはダメな人」という結論《けつろん》が初めからあって、

それを言うためのリストを作っていることになります。
それが「差別《さべつ》の心」です。いったん「差別の心」ができあがってしまうと、
B子《ビーこ》ちゃんの自分より優《すぐ》れているところ、
たとえば、困《こあ》っている人がいるとすぐにそれに気づき、
気づくとためらわず手助《てだす》けをしてあげる勇気《ゆうき》を持っていることなどの良《よ》いところを
見る目が失われてしまい、他《ほか》の人にそれを指摘《してき》されると、
反発《はんぱつ》したり否定《ひてい》する気持ちが強くなり、

ますます「ダメなところ」を捜《さが》すようになります。
「差別《さべつ》の心」を持たないためには、比《くら》べることちがいを見つけることを、
そのまま「より優《すぐ》れている」「より劣《おと》っている」、
「より素晴《すば》らしい」「よりダメだ」という上下の差に結びつける考えを
やめることです。「差別の心」や「差別の行為」は、
いつでもあなたにも向《む》けられるかもしれないことを考える時、
それがどんなに大切《たいせつ》なことかわかるでしょう。

5

いじめられたり、いじめたり

今から四十年以上も前のことですが、四国《しこく》の中のムラで、
当時《とうじ》の人々の生活や歴史《れきし》について調査《ちょうさ》したことがあります。
調査をする前には、県や市の教育委員会《きょういくいいんかい》やその他の部署《ぶしょ》の人たちに、
そのムラだけではなくその地域一帯《ちいきいったい》の話をあれこれ聞いて、
おおよそのことを調べておきます。
もち論《ろん》それより前に、そのムラの人たちに、
これこれについて調べさせてもらいたいので

お認《みと》め下《くだ》さいという許可《きょか》をもらっておかなければなりません。

役所《やくしょ》の人の話では、その一帯が県内でもっとも現金収入《げんきんしゅうにゅう》が少ない地域ということでした。調査《ちょうさ》では、八人も九人もの研究者や学生がいちどきに、しかも何度も泊《と》めてもらい食事の世話《せわ》までお願《ねが》いするので、私たちの食費《しょくひ》はお支払《しはら》いするにしても、ムラの人たちになにかと余分《よぶん》な出費《しゅっぴ》をさせることになるのを心苦《こころぐる》しく思いながらムラに入りました。

そこは、奥深《おくふか》い山の中の、谷川のもっとも上流《じょうりゅう》にあるムラで、
外のムラに行くには川沿《かわぞ》いの一本道をたどって出るしかありません。
つまり、そのムラと外の世界をつなぐ道はそれしかないのです。
昔《むかし》は、山の中の小道を登《のぼ》り峠《とうげ》を越《こ》えて隣《とな》り合うムラへ行くことができたのですが、
それはケモノ道のようなもので、
今では使わないまま草や木におおわれてわからなくなっていました。
そのムラが他《ほか》のムラとくらべて、収入《しゅうにゅう》が多いのか少ないのかは、

私たちにはわかりませんでしたが、そこは桃源郷《とうげんきょう》のような所でした。

春は全山《ぜんざん》でウグイスが鳴《な》き、夏の昼間はお鍋《なべ》の底《そこ》のように暑いのですが、夕方になるとヒグラシの声が山に満《み》ちて、涼《すず》しい風が谷へと吹《ふ》き下《お》りてとてもいい気持ちでした。

秋は山の中にキノコや野生《やせい》の栗《くり》が生《は》えていて、ムラの人たちは上手《じょうず》な料理《りょうり》の腕《うで》にさらに磨《みが》きをかけて、とても美味《おい》しい食事を作ってくれました。

冬でも雪が降《ふ》らないのがムラの人たちの自慢《じまん》でした。
つまり、とても暮《く》らしやすいムラだったのです。
現金収入《げんきんしゅうにゅう》を求めて出稼《でかせ》ぎにいく人はほとんどなく、
狭《せま》くて険《けわ》しい棚田《たなだ》で米を作り、畑でイモを植《う》え、
道路工事《どうろこうじ》に出てわずかな現金収入《げんきんしゅうにゅう》を得《え》ていました。

今の私たちの生活から考えると、
景色《けしき》が美しいことを除《のぞ》いてはそれほど楽しいこともない暮《く》らしに思えるのですが、

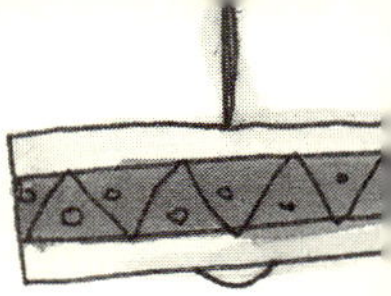

そのムラの人たちは、皆《みな》が皆、
お笑《わら》いのタレントになれるのではないかと思うほど、
話を面白《おもしろ》おかしく語る人たちでした。食事中の会話《かいわ》の中で、
泊《と》めてくださっている家のご主人《しゅじん》の話があまりにおかしくて、
お箸《はし》もお茶碗《ちゃわん》も手から落《お》っことして、
私は畳《たたみ》の上に身体《からだ》を突《つ》っ伏《ぷ》して笑ったことさえあります。
そのおかしさは、話の種《たね》となっていること自体《じたい》がおかしいこともありましたが、

大部分は、日頃《ひごろ》のなんでもないことの中にあるおかしさでした。日常《にちじょう》のくり返しの多い、退屈《たいくつ》な生活も、見方《みかた》を変えると、こんなにもおかしいのかと思うことがありましたし、同じことを、このような順序《じゅんじょ》で、こんな風《ふう》な表現《ひょうげん》で話すとおかしく感じられるのかと思うこともありました。多くは、ムラの中の人の話で、最近△△さんがこれこれのことをしたのだが、と話し始めるのです。話題《わだい》になっている△△さんが目の前にいる時でも、そんな話をして△△さんを笑《わら》い者にするのでした。△△さんはニコニコ笑って、

自分のことをよそから来た人たちに面白《おもしろ》おかしく語っている人のことをながめています。そして、話し終わると、おもむろに、今度は自分を笑《わら》い者にした人の言動《げんどう》のこっけいさについて話すのでした。その間、私たちは、あまりに笑い過ぎて頭痛《ずつう》がしてくることさえありました。

そうです。このムラの人たちは、わずかな種類《しゅるい》の材料《ざいりょう》でとても美味《おい》しい料理《りょうり》を作るのと同じように、いつも同じ人たちと同じことのくり返しの多い生活を、飛《と》び抜《ぬ》けたユーモアと語《かた》り上手で、退屈《たいくつ》しない生活を送っていたのです。

ところが、調査《ちょうさ》に何度も出かけて行くうちに、次第《しだい》にこのムラの別の顔が見えてきました。それは、自殺者《じさつしゃ》が多いということです。より正確《せいかく》に言えば、自殺した人の話がたくさんあるということです。

笑《わら》い話も上手《じょうず》ですが、恐《こわ》い話もとても上手に話すので、恐い話を聞いた夜は、家の外の、庭のはずれに建《た》っている便所《べんじょ》まで行くことができず、朝まで寝《ね》ずにがまんして、空が少し明るくなってから部屋《へや》を飛び出して便所へ行ったこともありました。

自殺《じさつ》した人は、男も女も、若《わか》い人も中年《ちゅうねん》の人も老人《ろうじん》もいました。
理由も状況《じょうきょう》もいろいろでした。でも注意《ちゅうい》しておかなければならないのは、
その自殺話には百年も前のことまで含《ふく》まれていたことです。
なぜ、こんなにも暗《くら》くて、辛《つら》くて、できれば忘《わす》れてしまいたい話を、
いつまでもくり返して語るのかということの理由が理解《りかい》できませんでした。
長年考え続けて、ようやく、少しずつ分かってきました。
今のところ、私は次のように考えています。

そのムラは桃源郷《とうげんきょう》のように美しいのですが、
その当時《とうじ》までは、本当に「閉《と》じられた」ムラでした。
調べてみると、その当時生きている人だけでなく、そのおじいさんの代《だい》までいれると、
七〇パーセント以上の人が同じムラの人と結婚《けっこん》していました。
太平洋戦争《たいへいようせんそう》前はほとんどの人が同じムラの人と結婚していましたから、
ムラ中の人がシンルイといってもいいくらいでした。
毎日その人たちと顔を合わせます。

なにか困《こま》ったことがあればムラの人に頼《たの》むしかありません。

そのような状況《じょうきょう》で、誰《だれ》かとけんかをしたり誰かをきらいになったり、

自分がきらわれていると思い始めるようになると、

つくづくムラの中に住むのが辛《つら》くなったでしょう。

でもそうなったとしても、ムラの外に出て行く勇気《ゆうき》はありません。

死ぬまでそのムラの中で暮《く》らさなければならないと、

当時《とうじ》の人たちは思い込《こ》んでいました。

たくさんの自殺話《じさつばなし》は、自殺に追い込《こ》まれた人もいろいろなら、
その事情《じじょう》もさまざまでした。
人びとは、こと細《こま》かく、昔《むかし》の自殺話をくり返し話すことで、
せまいムラの中の生活で互《たが》いが互いに対して
持つかもしれない反感《はんかん》や憎《にく》しみを認《みと》め合《あ》い、
しかし、それによって人を自殺にまで追い込《こ》んではならないこと、そして自分もまた、
追い込まれてはならないことをくり返し確認《かくにん》していたのではないでしょうか。

小学校や中学校は、義務教育《ぎむきょういく》のために必ず通わなければならないとされています。

生徒《せいと》も親もそのように思い込《こ》まされています。

多くの場合、学校区《く》が決まっていて、しかもクラス分けは一年に一度ですから、

子どもが担任《たんにん》の先生をきらいになっても、

あるいは先生に「きらわれている」と思い込《こ》んでも、

またクラスの友達からいじめられても、逃《に》げ場《ば》はまったくありません。

転校《てんこう》すればいいのですが、そうでなければ登校拒否《とうこうきょひ》しかありません。

でも、それではみんなと一緒《いっしょ》に勉強する、教わる、習《なら》う機会《きかい》を失《うしな》ってしまい、本当の解決法《かいけつほう》ではありません。そう、学校はとても「閉《と》じられた」世界です。あの四国《しこく》のムラと同じです。あなたはその世界で生き抜《ぬ》く力を、これから身につけなければならないのです。

あのムラの人たちのように、ユーモアと智恵《ちえ》をもって。

いじめで、人を自殺《じさつ》にまで追い込《こ》んではならないこと、そして、自分も絶対《ぜったい》に追い込まれてはならないことを学ばなければなりません。

著者からあなたへ

いま、あなたには何でも話せる友達《ともだち》がいますか。また、あなたのお父《とう》さん、お母《かあ》さんには、学校《がっこう》のこと、友達のこと、そして学校で何があったか自由《じゆう》に話していますか。

何でも話せる人もいるでしょうし、なんとなく気《き》おくれがして、お父さん、お母さんにもあまり自分が考えたり感じたりしたことを話せない人もいるかもしれません。もしかしたら「誰《だれ》も自分のことをわかってくれない」と思い、とても淋《さび》しい思いをしている人もいるかもしれません。

でも、どんなに淋しいと感じても、あなたを見守《みまも》り、無事《ぶじ》に大きくなっていくことを祈《いの》っている存在《そんざい》があるはずです。たとえ、あなたがそのように現在《げんざい》は思いあたらなくても、なによりもお父《とう》さんとお母《かあ》さん、そして、お父さんとお母さんそれぞれのお父さんとお母さん。つまり、あなたにとってのおじいさんやおばあさんたちです。また、毎朝《まいあさ》通る通学路沿《つうがくろぞ》いに住《す》んでいる人たちの中にも、あなたに声《こえ》をかけたり微笑《ほほえ》みかけなかったとしても、子どもの姿を見るたびに、交通事故《こうつうじこ》にあわないように、毎日楽《たの》しく学校で過《す》ごせるようにと祈ってくれている人がいるかもしれません。

今から五、六十年前までは、日本では多くの幼《おさな》い子は大人《おとな》になることができなく亡《な》くなりました。その頃《ころ》「七歳《さい》までは神さまの子」と周囲《しゅうい》は考え、神さまから預《あず》かっている大切《たいせつ》な大切な子として育《そだ》てました。子どもが生まれ、身体《からだ》が大きくなり、立ち上がり、歩《ある》いたり話したりするのは、人間の力を超《こ》えた何か大きな力が働《はたら》いているに違《ちが》いないと思う気持ちが、この言葉《ことば》には込《こ》められていたようです。親たちも、自分たちの子だけれど、それだけではなく、神さまから授《さず》けられた子だと考えたのかもしれません。

私が研究《けんきゅう》している文化人類学《ぶんかじんるいがく》という学問《がくもん》では、とても規模《きぼ》が小さく社会《しゃかい》の仕組《しく》みが単《たん》純《じゅん》な人々のことも調査《ちょうさ》し研究します。そして、どんな単純な社会でも、人は周《まわ》りの人々とうまくいかなくて淋《さび》しい思いをすることが多いこと、なかには、そんな時には、自分が生まれた時と同時《どうじ》に生まれた動物《どうぶつ》がいて、その動物と運命《うんめい》を共《とも》にすると信じて、苦《くる》しい思いをその動物に聞いてもらうという人々がいることもわかっています。

淋しいとき、一人ぽっちだという考えを捨《す》てきれないときには、「自分がこの世にいることはとても不思議《ふしぎ》なんだ」と思ってみませんか。そして、今は気づかないけれど、たくさんの存在《そんざい》があなたを見守《みまも》ってくれていると想像《そうぞう》してみませんか。

二〇〇七年　秋

波平恵美子

著者　波平恵美子（なみひら・えみこ）

1942年、福岡県生まれ。前・日本民族学会会長。九州大学教育学部卒業。1968年からテキサス大学大学院人類学研究科留学（1977年、Ph.D取得）。九州大学大学院博士課程単位取得満期退学。佐賀大学助教授、九州芸術工科大学（現・九州大学）教授、お茶の水女子大学教授を歴任。文化人類学専攻。
主な著書に『病気と治療の文化人類学』（海鳴社）『ケガレの構造』（青土社）『脳死・臓器移植・がん告知』（ベネッセ）『医療人類学入門』『病と死の文化』『日本人の死のかたち』（朝日選書）『いのちの文化人類学』（新潮選書）『暮らしの中の文化人類学・平成版』『生きる力をさがす旅－子ども世界の文化人類学』（出窓社）、編著に教科書として評価の高い『文化人類学』（医学書院）などがある。

挿絵　塚本やすし（つかもと・やすし）

1965年、東京生まれ。イラストレーター・装幀家。イラストレーター・デザイナーとして数々の賞を受賞。近年は、書籍の装画・児童書の挿画等で活躍している。主な著書（共著）に、『ふたり　おなじ星のうえで』（文・谷川俊太郎・東京書籍）『ジュニア版ルイーゼの星』（カーレン・スーザン フェッセル著・求龍堂）『夏の洞窟』（文・荒川じんぺい・くもん出版）『保健室にいたらだめなの？』（文・こんのひとみ・ポプラ社）『レタスの絵本』（文・つかだもとひさ・農文協）などがある。

図書設計　辻 聡

＊本書は、『生きる力をさがす旅 ── 子ども世界の文化人類学』（波平恵美子著・2001年出窓社刊）から５話を再録し、文章と絵で再構成したものです。なお、再録にあたり、原書の標題と文章表現をよりわかりやすく改めた箇所があります。

DMD

出窓社は、未知なる世界へ張り出し
視野を広げ、生活に潤いと充足感を
もたらす好奇心の中継地をめざします。

10歳からの生きる力をさがす旅②

きみは一人ぽっちじゃないよ

2007年10月22日　初版印刷
2007年11月6日　第1刷発行

著　者　波平恵美子（文）
　　　　塚本やすし（絵）

発行者　矢熊 晃

発行所　株式会社 出窓社
東京都武蔵野市吉祥寺南町 1-18-7-303　〒180-0003
電　話　0422-72-8752
ファクシミリ　0422-72-8754
振　替　00110-6-16880

印刷・製本　株式会社 シナノ

ISBN978-4-931178-62-5